Espiritualmente Yo

Una Guía Práctica Espiritual Para Los Tiempos En Que Vivimos

Jo Brothers

Espiritualmente Yo - Una Guía Práctica Espiritual Para Los Tiempos En Que Vivimos
www.facebook.com/jobrothers

Primera impresión, 2016

Copyright © 2016 Jo Brothers

ISBN 978-0-9941093-5-4

Todos los derechos reservados.

Este libro o cualquier porción del mismo no puede ser reproducido o utilizado en cualquier forma sin el permiso expreso y por escrito del editor, excepto para el uso de citas breves en la crítica de un libro.

Cláusula de exención de responsabilidad

Este libro no pretende ser un sustituto del asesoramiento médico de médicos. El lector debe consultar regularmente a un médico en asuntos relacionados con su salud y, en particular, con respecto a cualquier síntoma que pueda requerir diagnóstico o atención médica.

Publicado por:

Perpetuity Media

PO Box 4444

Shortland Street

Auckland 1140

Nueva Zelanda

www.perpetuitymedia.com

Publicado en Nueva Zelanda

Impreso en los Estados Unidos de América

Acerca del Autor

Hola, Mi nombre es Jo, gracias por tomar el tiempo para leer este libro. Algunos antecedentes mios, soy naturalmente intuitiva y creció en un ambiente familiar amoroso que me animó a incorporar mi intuición en todos los aspectos de mi vida. Desde muy joven sentí una fuerte fuerza interior orientándome para ayudar a la gente a darse cuenta de que existe un mundo espiritual de apoyo disponible para ellos. Creciendo, me animé a probar cosas nuevas, a pensar y crear para mí, para siempre tener empatía para con los demás y hacer una diferencia positiva en el mundo. Cuando usted mira cómo le puede ayudar el mundo verá muchas posibilidades infinitas. Quiero que tengan las sencillas herramientas espirituales disponibles para usted como se menciona en este libro, para inspirarle, para ayudarle a reír, a ser más felices, a saber que nunca estás solo. Usted puede encontrar espíritus afines haciendo cosas increíbles en la comunidad de Espiritualmente Yo que estamos creando en línea en:

www.facebook.com/spiritualme101

www.spiritualme101.com

Jo Brothers vive una vida creativa espiritual y desde una edad temprana ha escrito poemas, cuentos y obras de teatro. Ella misma se ha encontrado naturalmente hacia una carrera que conecta la narración digital, las comunicaciones y los medios de comunicación social. En su tiempo libre, ella ha escrito 10 libros infantiles que caracterísan - Los Extraordinarios Cuentos de Queenie Alice Moon y Las Aventuras de Nano el Robot.

Visita el sitios web de Jo para ver la última inspiración, ideas, aventuras y sus blogs.

www.jobrothers.com o www.spiritualme101.com

Jo Brothers Club de Lectores

Unase a mi Club de Lectores para contenidos exclusivos, recibirá una amplia variedad de ofertas especiales, concursos exclusivos y regalos como miembro VIP. Para mantenerse actualizados todo lo que tiene que hacer es unirse al Club de Lectores

hola@jobrothers.com

La Serie Espiritualmente Yo

Espiritualmente Yo 101 - Advanzado

Espiritualmente Yo en color

Espiritualmente Yo Libro de Cocinar

Espiritualmente Yo para Adolescentes

Orgánicamente Yo

Diosa Yo

Herbología Yo

Celestalmente Yo

Otros libros

Truco cósmico (Cosmic Trick)

~ Saldrá en 2016 ~

Agradecimientos

Yo tengo la bendición de tener una gran **#SpiritualMeSquad** maravilloso con tantos miembros de la familia y amigos. Todos ustedes han jugado una parte en que el libro Espiritualmente Yo de a la vida y me gustaría agradecer profundamente y reconocer: Juan, Wendy, Jane, John, Jason, Mike, Kris, Emma, Kate y Stella y el apoyo de muchos ángeles en mi vida.

Sólo quienes pueden ver lo invisible pueden hacer lo imposible.
Albert Einstein.

#SpiritualMeSquad es su equipo de apoyo, equipo y red.

Yo solía pensar que era la persona más extraña en el mundo, pero luego pensé, hay mucha gente así en el mundo, tiene que haber alguien como yo, que se sienta bizarra y dañada de la misma forma en que yo me siento.

Me la imagino, e imagino que ella también debe estar por ahí pensando en mí. Bueno, yo espero que si tu estás por ahí y lees esto sepas que, sí, es verdad, yo estoy aquí, soy tan extraña como tú.

Frida Kahlo

Tabla de Contenido

Acerca del Autor 3
Jo Brothers Club de Lectores 5
Una Nota Para el Lector 11
Eres el Secreto 13
Obtención Reasignada 19
Conciencia 21
Otro Yo 23
Mayordomo de Conciencia Espiritual 25
Drama Karma 27
Servicial 29
Soltar el Equipaje 31
Escribiendo en el Universo 33
El Ingeniero de Luz en el Hogar 35
Planifique su Día 37
Niño Interior 39
Color Yo 41
Limpiar la Tecnología 43
Los Medios de Comunicación Sociales 45
Los Chakras. 47
Meditando 51
Tableros de Manifestar y de Intención 53
Afirmaciones de Los Mantras y La Intención 55
Mi Jarra de Intención Espiritual 57
Amor Propio y Confianza 59
Almas Gemelas y Amor 61
Huele Divino 63
Velas 65
Cristales 67
Sueños 69
Conectando con los Arcángeles 71

Llamando a un Angel 73
Espiritualmente Yo en el Trabajo 75
Inyección de Luz 79
Las Palabras Tienen Poder 83
Mercurio en Retrógrado 87
Mensaje en un Libro 89
Tomar Acción 91
Poder de Diosa 93
Código 95
Super Poder 97
Mi Intención Brújula Espiritual 99
Ame a Su Cuerpo 105
Crecimiento Espiritual 107
Una Palabra Final 109
Notas 111

Una Nota Para el Lector

Increíbles posibilidades infinitas habitan dentro de todos y cada uno de nosotros.
Jo Brothers

Hola, y bienvenidos a Espiritualmente Yo 101. No hay tal cosa como una coincidencia por lo que han sido divinamente dirigidos aquí por las fuerzas positivas y Ángeles del universo. Que es lo espiritual de mí? Es una guía del usuario sobre cómo puede cuidarse espiritualmente.

Este libro puede acercarle a usted, su esencia y su alma y para equiparlo con algunas ideas y herramientas para ayudarle a navegar a través de la vida y los difíciles momentos estresantes que actualmente estamos viviendo. Cada vez más los psicólogos y médicos están reconociendo una conexión entre la espiritualidad, la salud, el bienestar, la resistencia y la fortaleza mental. En las escuelas secundarias de la meditación se introdujo para ayudar a los estudiantes a lidiar con el estrés de examen.

Para aquellos de ustedes que son nuevos a las ideas y temas espirituales, una gran bienvenida. Tome lentamente, sea fiel a usted, y siéntase libre para recoger y poner este libro tan a menudo como desee. La vida no es lineal, es circular, por lo que no tendrá que leer este libro de cubierta a cubierta, puede elegir qué y cuándo le guste leer.

Para aquellos de ustedes que están caminando un camino espiritual, es genial para conectar con usted y gracias por la lectura de este libro.

Los tiempos en que vivimos ahora son rápidos, ocupados y siempre cambiantes. Recibirá más información y datos a través de las noticias y anuncios en una semana en comparación con alguien que vivio en el 1900 habría recibido en toda su vida. El hecho de que hay tanta oscuridad en el mundo, significa que todos debemos hacer todo lo posible para crear y compartir luz, amor, felicidad y una actitud positiva.

La más difícil de la situación en la que te encuentras, y en el mundo, mayor será el potencial de más de positividad, luz y amor. Creo que vivimos en un mundo lleno de posibilidades y esperanza. Somos uno, todos estamos conectados. El mundo tiene una abundancia de buena energía y amor para ir alrededor, pero imagine cuánto más se daría si se puede mantener en un estado de creciente conciencia de positividad, felicidad y compartir. Siendo una fuerza para el bien y el amor en el mundo.

Esta fuerza positiva es parte de todos nosotros y creo en un Creador amante, lo llaman el universo, la luz de Dios, Buda o en quien usted crea. Me centraré en la gratitud, agradecimiento y tomar lecciones de todo lo que viene a mi manera.

Espiritualmente Yo puede ayudarle a conectar al interior, su alma, la esencia o el espíritu. Muchos de nosotros tenemos diferentes aspectos de nosotros mismos que son más dominantes durante las diferentes etapas de nuestro día o semana, tales como Trabajar Yo, Hogar Yo, Medios de Communicación Social Yo, y luego Espiritualmente Yo - su Alma/Espíritu.

Lo ideal es poder tener la conciencia de su Alma/Espíritu, Espiritualmente Yo central para las decisiones que tome le llevará a tener una vida más feliz y más plena. Usted puede comenzar con la intención de vivir toda una vida feliz y ser la causa de su propia felicidad y éxito, ayudando a otras personas a ser felices y lograr sus metas, con lo demás potente y lleno de energía. Recuerde que el universo siempre repone la energía que regala al compartir con los demás.

Eres el Secreto

Tu alma tiene la potencial infinita; Nunca olvides que poderoso eres. Permíte descubrir tu propósito.
Jo Brothers

El mundo en que vives cambia a diario. Todo el mundo está cambiando a un ritmo rápido y seguirá haciéndolo con el avance de las tecnologías y las industrias enteras están interrumpidas y re-imaginadas. Por lo tanto, es importante que conozca más acerca de 'usted', de manera que pueda crear una base estable para usted y avanzar sin miedo y ayudar a otros en su viaje.

Amor propio y confianza en sí mismo son una importante base sobre la que tiene que construir, para crecer y desarrollarse. Ama a quien eres aora y el ama a quien va a ser. En el fondo, o como un pensamiento de vigilia todos en el mundo quieren conectar con su verdadero potencial y su máxima expresión como ser humano, que es vivir como su auténtico ser.

Permítanme contarles un secreto, un hecho interesante acerca de este libro. Empecé a escribir este libro en 2004 y lo llame 'Eres el secreto'. Sin embargo, quedó inconclusa y espere pacientemente para estar 'lista' para completar y publicarlo.

Así que no sé cuantas personas el libro podría haber ayudado si hubiera terminado antes. Podría haber sido de 3 o incluso 3 millones de personas? Esperando para llegar al punto en que sentía que necesitaba escribir el libro para ayudar a personas como usted, busque el libro "Espiritualmente Yo - Una Guía Práctica Espiritual Para Los Tiempos En Que Vivimos".

Permítanos ayudarle a encontrar el secreto "dentro de ti" que es su Espitulamente Yo. No puede definir por sí mismo a compararse con otra persona, usted necesita conectar dentro, mirar hacia adentro y conectarse a su corazón y alma.

Estás Potente (Lleno de Energía)

Encuentra un espacio de meditación, un lugar donde te sientes seguro, donde es un lugar tranquilo para sentarte y hacer este ejercicio. No existen respuestas incorrectas y escribe tanto como quieras para cada pregunta.

1. ¿Cuáles son tus pasiones? ¿Qué lo enciende en el momento de hacer su trabajo, pasatiempo o ser creativo?

   _____
   _____
   _____

2. Que te inspira y por qué?

   _____
   _____
   _____

3. ¿En qué es bueno y cuáles son sus ventajas?

   _____
   _____
   _____

4. ¿En qué medio ambiente te gusta - Ocupado, Ciudad, País, Casa o oficina?

5. ¿Qué haría si supiera que no podía fallar y cómo se sienteria?

6. ¿Está usted dispuesto a renunciar a su tiempo y dinero que usted tiene ahora para tratar de traerlo a la vida?

7. ¿Cuál es el talento especial, regalo, tesoro que tienes dentro de ti - su objetivo/misión sobre cómo usted quiere compartir su luz y el alma con el mundo?

8. Escribe una lista de las 10 personas que usted ama.

1.
2.
3.
4.
5.
6.
7.
8.
9.
10.

No se incluye a sí mismo en la lista? Yo así lo espero.

Revisar sus Respuestas

1. ¡Felicitaciones! Ahora podrá conocer el objetivo del alma, su entorno ideal, su pensar grandes aspiraciones, su compromiso y su misión.

2. Ahora, aquellos de ustedes que no saben lo que tienen que hacer, pueden empezar a hacer planes, tomando acciones hacia sus objetivos, y tomar pasos pequeños cada día. Esta es la forma en que va a traer su propósito de vida en intención y manifiesto.

3. Así como se refleja en sus respuestas, ¿algunas lo sorprendieron? Explore estas respuestas aún más en la meditación y pida orientación adicional.

   - **Estás haciendo lo que te inspira?** Genial, si lo está haciendo. Si usted no puede encontrar una manera de agregar la inspiración en su vida a través del estudio en linea, conectando con un grupo/organización que le inspira. Comienze a re-imaginar su vida y lentamente va a tomar forma.

- Si te das cuenta de que tienes una idea increíble, ve cómo puedes traer esa idea a la vida.

- Tal vez te has dado cuenta de que prefieres un entorno de trabajo diferente. Puede que hables con tu empleador acerca de un plan de trabajo flexible que permitiera trabajar 1 día a la semana desde casa?

- Siempre hay respuestas o soluciones a cualquier problema y al menos 3 formas para lograr cualquier objetivo.

4. Si algo no está claro todavía, no te preocupes, empieza a meditar y hacer el trabajo de herramientas espirituales para usted hasta que esté clara. Vivir el momento y apreciar todo lo que has creado en tu vida hasta ahora, y sabe que lo mejor está aún por llegar.

Eres maravilloso sólamente de la manera que eres.
Jo Brothers

Obtención Reasignada

El secreto del cambio es concentrar toda su energía, no en la lucha contra lo viejo, sino en la construcción de lo nuevo.
Sócrates

¿Por qué se le hacen pruebas y obstáculos en su vida? Usted puede preguntar, "¿Por qué me está pasando esto a mí?" o puede decir, **"Qué es la razón espiritual que esto me está sucediendo a mí, si el universo/creador/luz me está cuidando, ¿por qué estoy en esta montaña rusa emocional?"**

Usted ha dicho o pensado en alguna etapa de su vida como una bola curva te golpea a partir de la nada. Se podría tener que moverse de casa de forma inesperada, teniendo que encontrar un nuevo trabajo después de su compañía reestructuró o el fin de una relación o matrimonio o un problema médico.

La respuesta, sucedió para que pueda levantarse y superarlo y revelar el potencial de luz dentro de usted como usted será más fuerte después de haber experimentado el desafío. No estoy diciendo que sea siempre fácil, sin embargo, es importante mantener su certeza de que todo va a mejorar y mejorar. Mantener su paz interior y seguir siendo feliz y no dejes que tu Otro Yo te arrastre en duda o depresión, que no le ayuda a concentrarse siempre en lo bueno.

La verdad es que tu vida ahora tendrá más luz, bendiciones y oportunidades que usted ha tenido antes de estos tiempos difíciles.

Usted es humano, así que si usted se cae y se molesta, sabe que cuando sube de nuevo, habiendo conquistado una gran lucha interior, usted y su conciencia será más fuerte, más ligero y mucho más sensato para la experiencia y una buena cosa que ocurrirá.

Conciencia

La conciencia es tu alma, tu fuerza de vida, tu chispa, tu inteligencia energética, tu conocimiento, tu potencial, la luminosidad y el talento.

Jo Brothers

Ahora en todo el mundo muchas personas viven una vida sin satisfice sin ser espiritual atado a un mundo materialista, con sus experiencias anclados en el ámbito de nuestros cinco sentidos. Siendo vista, olfato, gusto, tacto y oído, con nuestro Otro Yo tiene una gran voz en lo que pasa. Sin embargo todos somos por naturaleza espiritual y si son intuitivos y tienen un sexto sentido, usted también podría recibir los mensajes como se oye todo a través de las paredes (audición), clarividente (ver), clarisintiente (sensación) y claircognisant (saber) y hay muchos otros.

Entonces, ¿qué es la conciencia?

Es el conocimiento.

Es usted, su alma, su fuerza de vida, su chispa, su inteligencia energética, la conciencia, el potencial, la luminosidad y el talento.

Cuando decimos que las afirmaciones o mantras, estamos pidiendo para crear esa conciencia de nosotros mismos, lo que contribuirá a crear en nuestras vidas. Por eso es tan importante centrarse en ideas y pensamientos positivos, como literalmente afecta nuestra vida. Por ejemplo:

"Estoy a salvo y tengo una base sólida que me apoya para sobresalir en la vida. Estoy a salvo y audaz en mis acciones, el alma y el espíritu, ya que mi vida amorosa y estable".

Así, como se conectan diariamente para estar más consciente de la conexión a ser conscientes, podrás tomar más decisiones de su conciencia del alma que es guiada por el corazón y el amor. Se parecerá más a compartir su tiempo y talento para ayudar a otros y sentir infinitas posibilidades.

Usted comenzará a sentirse más cómodo con quién es y usted estará operando en una mirada de amor, hasta el punto de que usted no sentira que está empujando o esforzándose para manifestar o crear su vida, sino más bien permitiendo que su potencial de llegar a ser un éxito en su vida.

La meditación es la clave para conectar con tu consciencia para que pueda activar su potencial, luz, dones, talentos y super potencia interior dentro de usted.

Otro Yo

El Otro Yo es el ángel travieso intentando detener su Alma de sobresalir y brillar fuertemente.
Jo Brothers

Tienes un Otro Yo, todos lo tenemos. A veces, Tu Otro Yo te dice, usted es mejor y a veces su otro yo te dice, no eres lo suficientemente bueno. Es la voz negativa en tu cabeza que te hace sentir **"Yo contra el mundo!"**, **"No es justo!"**, **"No soy lo suficientemente bueno!"**, **"No puedo tener éxito!"**, **"Pobre de mí!"**, **"¿Por qué a mi?"**

Alguna vez ha tenido una conversación en curso en su cabeza que no empezo? Sí, ese es su otro yo. O un pensamiento aleatorio surge en la mente de alguien que le molesta, digamos, hace cinco años. Sí, una vez más que es su otro yo, una gran distracción que puede aprender a sintonizar o, al menos, ser conscientes de que no es su pensamiento.

El Otro Yo quiere que quede atascado en su situación actual, sea lo que es y no para evolucionar en su increíble potencial único, que le impida ser capaz de compartir su regalo con el mundo. Muchos de ustedes pueden estar pensando, **"Yo realmente amo mi vida y estoy feliz y contento'**; todo lo que digo es que, donde quiera que se encuentre, hay un siguiente nivel de felicidad, el cumplimiento, el éxito, el amor - en realidad, Infinitas posibilidades.

Ahora que usted está enterado de su otro yo, puede comenzar a ver cuando su otro yo sube para tratar de tomar decisiones por usted y que le conduce por el camino equivocado y al mismo tiempo querer malgastar tu tiempo para que no se centre en su potencial infinito y una grandeza única y cómo ser una fuerza para el bien en el mundo. Así que vamos a obtener alguna ayuda de nuestro mayordomo espiritual de la conciencia.

Mayordomo de Conciencia Espiritual

Pensarlo, hacerlo, hazlo, poseerlo.
                                                                Jo Brothers

Mayordomo de Concienco Espiritual también se llama Certeza.

¿Qué pasa si usted tenía un mayordomo espiritual? Un conserje interno que identificara y saludara a cada pensamiento negativo que el Otro Yo tenga con un **"Hola, lo siento su nombre no está en la lista, tendrá que salir de casa."** Como la conciencia o atención plena, donde está consciente o al tanto de algo que es lo que le sucede en el ahora, en el momento presente, reconociendo que es lo que le sucede y avanzar. La atención plena es considerado un estado meditativo que le puede ayudar a manejar los asuntos/problemas en una forma libre de estrés.

Puedes utilizar tu certeza de Interno Mayordomo de Conciencia Espiritual dentro de uno mismo, que es capaz de entrar en el cuadrilátero de boxeo sin ningún pensamiento de miedo. Miedo, también conocido como, el dolor, el vacío, la injusticia, el sentimiento de aislamiento o abandono o incluso de alienación.

Su mayordomo de concienco spiritual esta activa y fortalece cada día cuando clige ser proactivo en lugar de reactivo. Cuando decidió aceptar el reto y no caer en la mentalidad de víctima, usted está tomando un riesgo calculado para llevar tus sueños a la vida.

Puede dibujar en las herramientas que hablo en este libro y en mi experiencia espiritual de mi conciencia de mayordomo/certeza crece cuando puedo ayudar a otras personas en sus vidas, de superar un reto y ayudarlos con su viaje. Crece más fuerte cuando compartes tu tiempo y/o dinero, cuando preferirías estar haciendo algo para ti.

Algunas personas dicen que el miedo es bueno y que les empuja. Es probable que sea cierto, si ya han sido capaces de superar muchos desafíos y saben que pueden hacerlo! Para aquellos que comienzan el camino de la superación del miedo si puede recordar una cosa, recuerde:

El miedo es un mentiroso y el minuto que se resista a el, desaparece, huye y se desvanece.

Drama Karma

Cada segundo del día creamos energía positiva o negativa que volverá a nosotros. Asegúrese de crear más energía positiva, no sólo le ayuda, ayuda al Mundo.

Jo Brothers

Alguna vez has sentido como si todo se está derrumbando a tu alrededor y como solucionar un problema o drama en tu vida otro brota? A veces, que el universo está preparando algo mejor para usted y a veces es algo necesario para experimentar con el fin de crecer a partir de esa experiencia.

El karma o la ley de causa y efecto existe, es real y uno de las Leyes Espirituales del universo. Lo que usted pone en el universo es exactamente lo que se refleja de vuelta a usted. Así que si quieres el amor en su vida, da amor! Si desea recibir, entonces da! A veces tienes que dar y dar y dar para recibir. Por lo tanto, necesitas ser capaz de "dejar ir!' de los resultados, mientras que el ser paciente con la cantidad de tiempo que tarda.

Hay leyes espirituales que existen y mucho como conducir un automóvil, usted necesita saber las normas de tráfico. Karma y/o causa y efecto viaja con usted a través de vidas. Así, a veces necesita ser más paciente mientras las energías alrededor de cambiar y transformar.

Usted puede solicitar la ayuda de Ángeles, en cualquier momento y invite a su vida para ayudarle con cuestiones específicas que usted pueda tener. Usted puede hablar con ellos en su mente o en voz alta y podrán ayudarle a usted y un número infinito de personas al mismo tiempo. Así que no se preocupe usted no molestara a los ángeles y ellos pueden ayudarle en cualquier momento.

- **Ariel** guardián de los animales y la naturaleza, la curación, el amor y la energía creativa.
- **Chamuel** guardiana del amor incondicional, la sanación emocional, el amor romántico y almas gemelas.
- **Gabriel** guardián de comunicación, transformación, cambio y emoción.
- **Daniel** guardián de orientación espiritual, su propósito de vida del alma, la intuición, la fuerza, la fuerza de voluntad y coraje.
- **Jophiel** guardián de la alegría, la creatividad, la liberación y la educación.
- **Michael** guardián de la protección, la fuerza, la potenciación y la compasión.
- **Raquel** custodio de la justicia y la armonía.
- **Rafael** guardián de la curación, la ciencia, el conocimiento y la unicidad.
- **Raziel** guardián permitiendo el acceso a los secretos del Universo y de tu alma.
- **Uriel** guardiana del amor incondicional, la superación de retos difíciles y lograr el equilibrio.
- **Zadkiel** guardián de la compasión, el amor y el perdón.

Servicial

Ayudar a otros a alcanzar el éxito y el éxito fluirá hacia usted.
Jo Brothers

Karma o lo llaman causa y efecto, significa que lo que pones en el universo volverá a usted eventualmente.

Cuando se ayuda a otra persona, usted está creando energía circular en conjunción con el universo que ayudará a que la persona que está ayudando y también le ayuda. De hecho se dice que la forma más rápida para ayudar a manifestar sus deseos es ayudar a otra persona manifestar sus sueños y deseos.

Así como un ejemplo, digamos que un amigo tiene un sueño de abrir una tienda y le pide ayuda en su primera semana de apertura. Es un gran tramo para usted, incómodo, de hecho, como usted no tiene mucho tiempo para sí mismo, sin embargo si usted hace esto, usted está creando importantes semillas para manifestar sus propios deseos. Lo más difícil que es para ayudar, si son pobres de tiempo o pobres en efectivo, mayor será la energía que se devolverá a usted.

Imagine un mundo donde todos se ayudaban mutuamente a realizar sus sueños! Como todos somos individuos únicos, todos los 7.3 mil millones de nosotros, hay cosas exclusivas que todos hemos venido a hacer aquí.

La energía nunca desaparece, por lo que si invierten horas o años en una relación o proyecto y no funciona, no te preocupes, el universo tiene esa energía en el almacén para usted, para ofrecerle asistencia en otra relación o proyecto. La energía no puede ser perdido por lo tanto nada está perdido.

Soltar el Equipaje

Viejos desafíos o karma que ya no le sirve. Usted ha aprendido la lección que ahora vamos a permitir que nuevas oportunidades y energía fluya hacia usted.

Jo Brothers

Sí, todos tenemos, ahora veamos soltando la maleta correcta y recuerde, no tropezar con algo detrás de usted. Lo que significa que no se preocupe por los errores del pasado, acaba de empezar a realizar nuevas acciones positivas.

Érase una juerga de gastos, una mujer joven se dio cuenta de que había incurrido deudas en tarjetas de crédito y decidió que quería pagar este tan pronto como fuera posible y liberar ese drama de karma del equipaje de su vida para siempre.

Esto significaba salir menos con sus amigos, y más la elaboración de medios para pagar la deuda. De hecho, ella decidió hacer trabajo voluntario para ayudar a otros y para inyectar la energía de compasión en su vida. Al hacerlo, ella conoció a su futuro esposo a través de este trabajo, junto con muchos maravillosos nuevos amigos más en sintonía con su deseo de compartir y pagar adelante en el mundo. Así que la deuda se había entregado con un reto y una oportunidad con un milagro tambien.

Finalmente, se dio cuenta de que necesitaba pedir para liberar su equipaje que era una relación enfermiza con el dinero y gastarlo imprudentemente. Una vez que ella hizo que el dinero se destinaría a ella como el dinero es energía y ahora ella podría administrar la energía en la forma correcta. Cuando se envió una enorme carga/reto es para descubrir su potencial y la gran luz.

Dónde está su equipaje? Si no sabe dónde está su equipaje usted puede pedirle a un amigo de confianza o un ser querido darle su retroalimentación de manera cariñosa. Recuerde que

les explique que desea hacer algunos cambios importantes en su drama karma y que podrían ayudarle, por favor pregunte.

Dónde está atascado? Desea ver dónde está atorado en su vida y por qué sigue cometiendo los mismos errores.

¿Necesita perdonar? Eso significaría que usted necesita liberar la energía del rencor.

¿Necesita intensificar? Eso significaría que usted necesita liberar la energía asociada a la auto-sabotaje.

¿Necesita ser feliz? Intente escribir listas expresando su agradecimiento y gratitud por todo lo que tiene.

¿Necesita dejar de juzgar a otros? Esto podría significar que usted necesita desarrollar un mayor nivel de amor asi mismo. Si es duro en usted mismo, entonces usted es duro hacia los demás.

Escribiendo en el Universo

Hay cuerpo sutiles de energías/huellas en este Mundo y la energía puede cambiar y ser liberado cuando usted escribe una carta a dejar ir de cualquier daño o malestar que ocurrió en el pasado con una determinada persona o lugar.

Jo Brothers

Si tiene cuestiones o problemas que usted gustaría liberar puedes escribir una carta para el universo. Escribir abiertamente y honestamente y no se contenga asi que esta carta no va a ser enviado, en su lugar, usted va a quemar esta carta.

Comience su carta con **"Estimado Universo..."** y luego escriba mientras se sienta la necesidad. Sea abierto y liberese de todos sus miedos y el dolor como nadie va a leer esta carta aparte de usted. Cuando haya terminado no lea la carta asi que el propósito de la redacción de esta carta es para liberar esa energía y para librarse de cualquier enojo, miedo, etc. Prepare quemar la carta de forma segura en una chimenea o algo similar.

De igual manera, si alguien le ha hecho daño, y usted tiene la ira y quisiera sacar esto, puede escribir una carta dirigida a conquien tiene el problema, vuelva a escribir libremente y en la finalización de la carta puede quemarlo.

Ahora sabemos que se han dado a conocer estos sentimientos y puede afirmar esto en voz alta, diciendo: **"Yo perdono (inserte el nombre) y les deseamos lo mejor"**.

A veces está reteniendo sentimientos de rencor y cree que con ello va a "corregir" una injusticia, sin embargo, que no es el caso y la única persona resultara herida y bloqueados de su potencial es usted.

Invite a los Ángeles a su vida y pedales que le rodeen con la energía de protección y para ayudarle a diario.

- **Ariel** guardián de los animales y la naturaleza, la curación, el amor y la energía creativa.
- **Chamuel** guardiana del amor incondicional, la sanación emocional, el amor romántico y almas gemelas.
- **Gabriel** guardián de comunicación, transformación, cambio y emoción.
- **Daniel** guardián de orientación espiritual, su propósito de vida del alma, la intuición, la fuerza, la fuerza de voluntad y coraje.
- **Jophiel** guardián de la alegría, la creatividad, la liberación y la educación.
- **Michael** guardián de la protección, la fuerza, la potenciación y la compasión.
- **Raquel** custodio de la justicia y la armonía.
- **Rafael** guardián de la curación, la ciencia, el conocimiento y la unicidad.
- **Raziel** guardián permitiendo el acceso a los secretos del Universo y de tu alma.
- **Uriel** guardiana del amor incondicional, la superación de retos difíciles y lograr el equilibrio.
- **Zadkiel** guardián de la compasión, el amor y el perdón.

El Ingeniero de Luz en el Hogar

El amor comienza en casa y no es cuánto hacemos, sino cuánto amor ponemos en esa acción.
Madre Teresa

Un ingeniero de la luz en el hogar es el principal cuidador, la madre, el padre o la persona responsable o amigos compartiendo una casa, también conocido como el Consejero Delegado (CEO) de la casa; sin embargo todos podemos ayudar a crear un hogar lleno de luz y un ambiente de apoyo en el hogar.

La energía en un hogar es crucial para la formación y el apoyo de toda la familia y requiere de mucha energía. Así que imagínense si cada vez que realice alguna acción o tarea en casa usted se inyecta positividad y entusiasmo que creará la positividad a su alrededor y en el hogar. Por ejemplo, inyectar el amor por lavar los platos, hacer la gestión interna o limpieza.

Para conectar con más energía y luz en nuestras casas saben que cada vez que se enciende una vela que está dibujando pura energía en su hogar y su medio de vida.

Flores frescas, plantas y velas perfumadas o Aceites Esenciales e Inciensos dinamizan la energía en el hogar, y dibujan ángeles y energías positivas.

Dependiendo de su estilo personal a usted podría gustarle muebles elegantes y decoración minimalista en el hogar o alternativamente, usted puede preferir una colección de colores brillantes y comodidad, todas son igualmente importantes.

Lo que usted necesita estar consciente de es el "desorden". Cuando haya terminado con algo, lo regala, vuelva a asignar, reciclelo o tirelo a la basura. Necesita asegurarse de que su hogar y entornos de trabajo sólo tengan elementos que use, quiera y sean funcionales.

Así que si usted acaba de leer esto y piensa en una sala de la casa de repuesto que necesita un orden, o un armario que necesita ser limpiado para ser compartido con los nuevos propietarios, debería hacerlo ahora.

Su casa es su espacio sagrado, así que asegúrese de que tenga el entorno limpio y ordenado para asegurarse de tener energía libre de todo lo que puede ayudarle a manifestar sus sueños, metas y propósitos.

Planifique su Día

Las personas pasan más tiempo planeando unas vacaciones que planificar su vida. Imagínese si planificamos nuestros días, vidas, carreras y desarrollo espiritual con el mismo compromiso.

Jo Brothers

La construcción de una rutina que le apoya y le prepara de la mejor manera posible en su día necesita cierta planificación. Usted necesita intentar y empezar el día en el más gratificante, calmado y apoyo espiritual. Usted se despertara a sí mismo a un mundo lleno de nuevas posibilidades cada día.

Por lo que se escucha la alarma se activa en la mañana, es hora de despertar. Se desactiva la alarma con la esperanza de que no es un teléfono? Como con los teléfonos o tabletas para dormir en el dormitorio no es el mejor ambiente espiritual para un sueño reparador. Recuerde mirando su teléfono estimula el cerebro hace difícil conciliar el sueño. Usted puede comprar un reloj con alarma.

Aquí está un método sugerido sobre cómo usted puede planear su día con intentando un día por semana o todos los días. Si tienes hijos y/o el cuidado de los padres ancianos alguna, a ver si es capaz de mover todo el tiempo del ejercicio.

3 Pasos en 5 Minutos.

1. Despiertese.
2. Tome algún tiempo para adecuadamente despertar y sienta la energía de aprecio y gratitud por su vida y todo lo que usted tiene.
3. Meditación rápida (2-5 minutos). Conscientemente inhale y exhale varias veces, aprecie la nueva mañana, y de gracias por estar vivo y pasar a establecer su

intención para el día de lo que desea realizar o en lo que desea enfocarse. Por ejemplo, *"Hoy voy a tener reuniones productivas y conocer una nueva persona con la cual puedo establecer contactos y trabajar juntos o se convierten en un gran amigo. Le agradezco a mi vida y bendiciones y lo paso hacia adelante al compartir con otros. Me seguire siendo positivo y recuerdo que cada obstáculo es una oportunidad para aprender."* Siéntase libre de escribir su propia intención afirmar y verifique nuestro sitio web para obtener más ejemplos sobre www.spiritualme101.com.

Pasos adicionales si tiene tiempo

4. Por la mañana, si tiene tiempo para ir al gimnasio, hacer yoga, nadar, caminar con el perro o jugar al tenis, este es un excelente momento del día para colocar esto en y es un buen momento para pensar y para obtener ideas para sus proyectos en el hogar o en el trabajo. El ejercicio es una gran liberación

5. El desayuno puede incluir un suave jugo verde , té verde o café estimulante, esto le corresponde a usted.

Crea su propia Intención de Mañana Espiritualmente Yo

"Hoy voy a irradiar positividad y amor a todo el mundo que he conocido. Me conecto a mi alma y comienzo el viaje para descubrir y compartir con el mundo mi potencial y regalos".

www.spiritualme101.com publicaremos ideas para intenciones de mañana y nos encantaría conocer el suyo. Así que, por favor, publique sus intenciones por la mañana en nuestra página de Facebook www.facebook.com/spiritualme101 o a través de Instagram:

@spiritualme101 #spiritualmemorningintention

Niño Interior

Imagínese si tuviéramos la misma actitud que un niño tiene - nada es un problema, nos levantamos y empezamos de nuevo rápidamente, amamos a nuestros amigos dentro de minutos de un desacuerdo y siempre estamos curiosos.
Jo Brothers

Hablemos de su niño interior, su lado creativo, la parte de usted que le gusta jugar, ver una buena película, escuchar música, correr rápido en el viento, practicar deportes, dar y recibir un abrazo, encontrar un fabuloso nuevo vestido y calzado (vestirse para los adultos) y la lista continúa.

Su niño interior es también parte de usted conectado a la diversión, la creatividad, la innovación, la energía de resiliencia y probar cosas nuevas. En los tiempos en que vivimos, muchos niños del interior de personas han llegado definitivamente a jugar.

Con todas las cosas traumáticas que están presenciando en las noticias y en todo el mundo, es comprensible que a veces puede sentirse impotente y abrumados por la negatividad. Sin embargo, debe saber que al conectarse con su niño interior y mantener su creatividad fluye, puede inventar o crear algo maravilloso que puede influir en el mundo entero a una feliz, más ligero. Se ha documentado que los adultos que sufren estrés señaló paz, la comodidad y la curación desde una simple tarea de colorear un libro de imágenes para adultos. A veces necesita tranquilizarse y volver a su centro de gravedad y sentirse centrado desde el laberinto y la charla constante y preocuparse de que pasa en tu mente.

Es importante recordar a su niño interior que siempre hay bueno ocurriendo en todo el mundo. Que siempre hay gente ayudando a otros y que hay adultos y niños haciendo cosas increíbles para ayudarnos unos a otros y a sus comunidades.

Incluso cuando usted se siente cansado y desesperado hay milagros sucediendo alrededor de todo el mundo, y que alguien en algún lugar ha inventado un adelanto en la medicina que puede salvar las vidas de millones de personas. Las comunidades de todo el mundo, familias, amigos y cuidadores, todos estamos trabajando juntos para crear nuevos caminos de esperanza y positividad. Las personas están donando y ayudando a la gente y los animales en necesidad.

La imaginación ha llevado a muchos de los asombrosos avances ayudando a la humanidad de hoy. Permanecer eternamente joven y resistente y alimente su niño interior. ☺

Jugar es la forma más elevada de investigación.
Albert Einstein.

Color Yo

Cada uno de nosotros tiene una única alma vibrante y colorida.

Jo Brothers

Colorear, es un relajante expresión colorida de sus emociones en la física. Activa su energía creativa y usted realmente está meditando en color. Todos los colores tienen diferentes energías y se refieren a los colores de tus chakras y también para cristales.

En la siguiente página encontrará un colorante en la imagen de color.

Nos encantaría poder ver el resultado final y le sugerimos tomar una foto y enviarla a nosotros a través de cualquiera de las siguientes plataformas de medios sociales:

- Envie a nuestra página en Facebook
  - www.facebook.com/spiritualme101
  - Es @spiritualme101
- Envie a nuestra página en Instagram
  - www.instagram.com/spiritualme101
  - Es @spiritualme101 - #spiritualmesquad

- #spiritualme
- #spiritualme101

O envíenos un correo electrónico a:

- social@spiritualme101.com

Limpiar la Tecnología

Cree algunas tiempo de libre de tecnología, libre de Wi-Fi, libre de datos, tiempo libre para usted y sus seres queridos. Tiempo real cara a cara y las conversaciones de corazón a corazón.

Jo Brothers

Yo absolutamente recomiendo hacer una limpieza de tecnología, desintoxicación o como se quiera llamar. Recientemente realicé un Descanso de tecnología por 3 días y encontré sentirme más tranquilo y 100 veces más creativo. Mi vida y mi carrera me obliga a estar localizado y poder leer correos electrónicos y conectarme en línea diarios que es cierto para muchos de nosotros.

Así que tiene sentido tomar descansos frecuentes. No tendría que ver la televisión 24 hoars al dia 7 dias de la semana recto o escuchar música sin parar? Así que tiene sentido para darle a usted un descanso si y cuando usted puede.

Como un buen amigo mío, que pasa a tener 19, me dijo recientemente **"Jo cuando me junto con mis primos, estamos poniendo nuestros teléfonos en una bolsa y ponerlos fuera el fin de semana, es el tiempo de la familia y no tiempo de Wi-Fi!"**

Estar presente, y totalmente centrado en las conversaciones y experiencias que se tiene con la gente en su vida. Tómese un descanso de estar "siempre conectado" digitalmente.

Otro efecto positivo de tener una limpieza de tecnología es darle un descanso de la intensidad y la ferocidad de las noticias diarias. Lo que quiero decir es que Dios no quiera pero si ha habido un trágico evento en el Mundo, las imágenes y las historias se comparten varias veces en cada blog o sitio de noticias. Entonces ellos comparten las mismas imágenes e historia varias veces en los sitios de redes sociales, por lo que llegas al punto donde usted está en el teléfono pasa a través agónica historias 10 veces más. Esta es una experiencia traumática y desgarradores ya que simplemente entró en línea para agarrar una receta o ver una foto de un amigo. Si hay páginas de donación para ayudar a la tragedia, puede apoyar a aquellos en necesidad por donar y/o rezando por ellos. Yo, personalmente, siempre se enciende una vela y rezar para cada situación o la tragedia que he escuchado. La oración siempre ayuda, así como donaciones para apoyar a los defensores.

Muchas veces usted no elige o buscar a tener estas imágenes desgarradoras bombardeando sus sentidos. Mirando estos tipos de historias en repetir le hará sentirse deprimido y/o impotente.

Un algoritmo es generada por los datos y que los datos es el número de personas interactuando con una historia particular. Hay cosas positivas que están pasando en el mundo y no siempre llegan a la parte superior de un algoritmo. Así, en función de un número de factores, incluyendo lo que sus amigos están mirando, tu experiencia digital diaria a menudo no es en realidad de su propia elección o intención. Sea amable con usted mismo y tómese unos días de descanso con una tecnología limpiar cuando pueda.

Los Medios de Comunicación Sociales

Crear o encontrar lo bueno y amplificar eso. El mundo necesita ver y compartir más historias positivas.

Jo Brothers

Todo lo que hacemos, pensamos, hablamos y escribirmos tiene energía y lo mismo va para compartir un comentario o post en los medios de communicación sociales e Internet.

Si desea agregar la energía positiva a todo el mundo, le recomiendo que sólo compartir o re-compartir contenido que es positivo, ayuda a obtener un mensaje para una recaudación de fondos o la organización y narra una gran historia de logros personales de alguien y así sucesivamente.

Cuando un número suficiente de nosotros sintoniza nuestra conciencia con intenciones positivas y mensajes comenzamos un efecto residual.

www.facebook.com/spiritualme101 compartimos edificantes, positivo, alegre llena el contenido que estamos contentos de volver a compartir.

Los Chakras.

Los chakras son el colorido generadores de energía que fluye en el cuerpo y la energía que irradia.
Jo Brothers

Nuestro cuerpo tiene siete principales centros de energía (energía espiritual/niveles de conciencia corporal) que se ejecutan a lo largo de nuestra columna vertebral, desde la parte superior de la cabeza hasta la base de la columna vertebral, llamados chakras. Chakra es una palabra hindi que significa "rueda o rueda de hilatura de energía".

Las culturas asiáticas han utilizado los Chakras para sanar durante cientos de años y, de hecho, el Yoga se conecta al sistema de chakras y enseña cómo activar y borrar los chakras.

Los siete Chakras o centros de energía en nuestro cuerpo se refieren a áreas específicas de nuestro cuerpo y están relacionadas con las energías sutiles o emocional que puede afectar cómo se sienten y se comportan.

Los Chakras tienen diferentes colores y puede utilizar el color de luz, tales como la curación Reiki o Aura Soma junto con cristales y sonido para reequilibrar su energía. Cuando se trabaja con compensación o reforza tus chakras pregunte al doctor Ángel, Arcángel Rafael para unirse a usted.

- Color Violeta es el **primero Chakra** en el área de la Corona.

- Color **Indigo** es la **segundo Chakra** en el área de Tercer Ojo (en el centro de la frente).

- Color **Azul** es el **tercer chakra** en el área de la Garganta.

- Color Verde es el **cuarto Chakra** en el área del Corazón.

- Color   es el **quinto Chakra** en la zona del Plexo Solar (estómago).

- Color Naranja es el **sexto Chakra** en el área Sacra (también conocido como el ombligo).

- Color Rojo es el **séptimo chakra** en la zona de la Raíz (en la base de la columna vertebral).

La Corona	1	Soy uno con el universo y mi alma
El Tercer Ojo	2	Confío en mi intuición
La Garganta	3	Me expreso con amor y actitud abierta
El Corazón	4	Puedo enviar y recibir amor
El Plexo Solar	5	Estoy seguro, fuerte y potente
El Centro Sacro	6	Yo vivo mi vida llena de pasión
La Raíz	7	Estoy seguro y apoyado en mi vida

Chakras y Intenciones Positivas

Meditando

A menudo pensamos que eran demasiado "ocupado" a meditar y cuando hacemos encontrar tiempo para meditar, nos damos cuenta de que tenemos que estar "ocupado" con nuestra meditación diaria.

Jo Brothers

Me encanta esa cita y es muy relevante para los tiempos en que estamos viviendo con gran parte de nuestro tiempo está "ocupado". Por lo tanto, 5-20 minutos será fina y puedes ampliar tu meditación cuando usted tiene el tiempo.

1. Establecer un espacio de meditación especial segura en casa, donde se puede meditar y usted siempre debe usar este espacio seguro Cuando medito en casa. Esto es para que la energía y la atmósfera se desarrollan y tu mente se sentirán relajados en este espacio y podrás fácilmente meditar siempre que lo desee. Usted puede encender una vela o incienso para crear un ambiente cálido de energía y también hay algo de buena música para meditar, así que échale un vistazo a nuestro YouTube canal.

2. El tiempo es crucial y se necesita un tiempo en su día, cuando tu mente no está demasiado ocupado. Así que cuando usted despierta o ir a dormir son momentos excelentes.

3. Coherencia, hacer la meditación a la misma hora cada día le ayudará a crear un patrón y puede conectar fácilmente el estado meditativo más rápido con la familiaridad del tiempo y la ubicación.

4. Generalmente, se recomienda sentarse en una silla o sofá con los pies en el suelo y los brazos en un estado de reposo y con los ojos cerrados. También puede sentarse en el suelo con las piernas cruzadas; también

he encontrado tan fácil acostarse. Es una elección personal y le sugiero que experimentar y ver qué funciona mejor para usted.

5. Empezar haciendo algunos respiración para abrir el pecho y los pulmones. Respira y manténgalo pulsado durante 3 segundos y exhale, repita 3 veces.

6. Sientese quieto un momento y vaciar su mente de cualquier pensamiento que no desee. Así que usted puede estar listo para una experiencia meditativa de compensación o de conversación con usted. Espere unos minutos para que esto suceda.

7. Trate de mantenerse despierto y mantener la calma para concentrarse en su respiración y suelte el día y todas las preocupaciones y dudas.

8. Afirme que uno de sus objetivos en la vida, por ejemplo, **"Estoy seguro, soy fuerte, soy creativo, soy próspero, estoy en perfecto estado de salud, estoy en una relación comprometida con mi alma gemela".**

9. Escriba meditaciones relativas a tus chakras (consulte el gráfico) o Chakra, donde se están celebrando, por ejemplo, el dolor de la parte baja de la espalda, Raíz Chakra: **"Yo estoy seguro y tengo una base sólida que me apoya a sobresalir en la vida. Estoy seguro y audaz en mis acciones, el alma y el espíritu como mi vida amorosa y estable".**

10. Ahora usted puede hacer una pregunta y esperar a oír una respuesta.

www.spiritualme101.com para algunos música de meditación para ayudarle.

Tableros de Manifestar y de Intención

Estoy seguro, soy fuerte, y soy creativo, sano y próspero como puedo crear milagros con el universo. Mi intención es ser una fuerza del bien en el mundo.

Jo Brothers

Así que han decidido que quieren un cambio, una nueva vida, hogar, carrera, éxito, así que recomendaría la creación de un estado de ánimo/deseo junta y un gran lugar para hacerlo es en línea en www.pinterest.com. Puede configurar una cuenta y crear un consejo privado para compartir con su pareja en la vida, el amor o el negocio o conseguir algunas revistas y encontrar imágenes para cortar y pegar para crear su intención manifestar y tableros en cartón o en un gran diario. Todos tenemos una única y potente solución para nosotros y nuestra esencia del alma que se expresa y se manifiesta, por lo tanto, recuerde añadir una dimensión espiritual a su intención juntas.

El Universo y su destino personal será probablemente mucho mayor de lo que usted puede ver todavía, así que permanezca abierto a infinitas posibilidades y esperar a que el universo para comenzar a ofrecer estos mensajes. Su potencial será mayor de lo que puedes imaginar, así que ponte cómodo con conexión a verdaderos locos grandes objetivos.

Crea y fije o pege imágenes que reflejan lo que quiere manifestar en la vida no es suficiente. Su intención y la celebración de la visualización es la clave. Recuerde que usted está activando la energía que ya existe dentro de usted. Usted necesita "ser" en el espacio donde ya ha ocurrido y lo han hecho. Usted ya tiene el cumplimiento aparece en su estado de ánimo/deseo junta.

Usted necesita encarnar y literalmente sientir como si su deseo ya se ha manifestado y que ha ocurrido. Por ejemplo, ya ve como:

- Un empresario
- La prosperidad en la salud y la riqueza
- Como una madre o un padre en una familia cariñosa
- Sano, sano y en perfecto estado de salud
- Viven en una hermosa casa, que es también un hogar cariñoso
- Inventar o crear una nueva marca o negocio
- Tener un ingreso regular.
- Felizmente casado con su alma gemela
- Felizmente viviendo con su compañero de vida
- CEO de una empresa exitosa
- CEO de su propia empresa de éxito

Ya está hecho, lo tiene todo!

Ahora esto se llevará a la práctica, y yo considero que esto no es diferente a la vez que se invertiría en la meditación, o la conexión a cualquiera de las otras herramientas que he mencionado en este libro. Su mente es la conciencia, así que para visualizar sus metas le adentra en el estado de vida que le gustaría en el 'ahora'.

Afirmaciones de Las Mantras y La Intención

Cada día podemos empezar de nuevo. Así, cada día convénzase de que hoy es el día en que me levantaré e iniciare el camino hacia mi grandeza.

Jo Brothers

Creo que un pensamiento positivo y la intención tiene más poder que un pensamiento negativo y puedo practicar esta filosofía en mi vida. Puede utilizar pensamientos positivos para crearlos y atraer más experiencias de vida positivas para usted como el universo responde a tus acciones.

Intención positiva afirmaciones

- Ahora doy mi permiso para ser amoroso, compartir y alcanzar mi potencial.
- Yo soy una fuerza de amor y enviarlo hacia el mundo y que se vea reflejado de nuevo a mí.
- Estoy conectado y en sintonía con mi fuerza interior en todo momento.
- Estoy permanentemente sin temor ahora y siempre.
- Me inflama el sentimiento de urgencia de lograr mi objetivo del alma y reconozco que puede sentirse incómodo, lo cual es un indicio de que estoy en el camino correcto.
- Soy positivo y creativo intuitivo tienen conciencia que me permite conectarme a mi potencial ahora y siempre.
- El amor, la unidad, la abundancia, la humildad, el compartir y la unidad son mías ahora que el ego no existe.
- Todo lo que estoy buscando está tratando ahora de mí.

- Estoy seguro y capaz de cualquier cosa y todo lo que imagino.

- Estoy sano en todos los sentidos; cada célula de mi cuerpo está llena de interminables, luz infinita.

- Siempre estoy aprendiendo, creciendo y conectado a mi plan del Alma.

- Puedo crear y realizar mis sueños con facilidad.

- Yo siempre me rodeo de mágicas, bolas de chispa de amor n forma de corazón, curación y protección.

- Puedo ver y experimentar el mundo que me rodea a través de una lente de amor y devolver esta energía en el mundo.

- Tengo la certeza absoluta de que voy a lograr todos mis objetivos y me ayudarán a otros e irradiar esta energía de unicidad en el mundo.

- Todas mis necesidades son atendidas y superado.

- Me siento tan bien. (repetir 100 veces)

- Yo despertar la Diosa dentro de mí.

Mi Jarra de Intención Espiritual

Nuestra conciencia es nuestra realidad, de modo que conecte a su intención de ser la última fuerza del bien en el mundo.
Jo Brothers

Mi Jarra de Intención Espiritualmente Yo

Junto con su tablero de intención puede que desee crear una jarra de intención o buque. Todo lo que necesita es un frasco o envase vacío con una tapa y un poco de papel y un lápiz.

Como usted ha leído en este libro, una intención significa que usted está fijando una meta que intentamos alcanzar. Así, una vez que tenga una lista de sus intenciones escritas, están dispuestos a ir en su jarra de intención.

Enciende una vela perfumada y lea sus intenciones en voz alta y visualícelos como ya existentes, como si ya han alcanzado las intenciones. También puede agregar algunos "bling y brillo' a su jarra de intención agregando escarcha o cristales super cambio su jarra de intención.

Puede agregar las intenciones de su jarra de intención en cualquier momento y una vez que han logrado uno de los objetivos o dominar la conciencia, reconocer y dar gracias.

Para empezar, aquí hay algunos ejemplos de afirmaciones de intención positiva

- Hay paz y armonía en el mundo.
- Todo el mundo tiene suficiente comida para comer y un lugar para llamar a casa.
- Estoy conectado a mi propósito de vida.
- Estoy abierto a recibir mensajes desde el universo para ayudar a la humanidad.
- Me siento apoyado por toda la energía del universo para alcanzar mis objetivos.
- Estoy en el mejor trabajo, casa, relación que se adapte a la evolución de mi alma ahora.
- Estoy en una relación amorosa con mi alma gemela o compañero de vida.

Amor Propio y Confianza

Hoy voy a irradiar positividad y amor a todos, me encuentro entre los que me incluyo. Me conecto a mi alma y comenzar el viaje para descubrir y compartir con el mundo mi potencial y regalos.

Jo Brothers

Amor Propio puede ser un poco complicado al llegar alrededor de su cabeza. Amor Propio no significa que usted tiene un enorme Otro Yo. Amor Propio es el amor y aceptación que tiene para usted, su alma, su cuerpo, su talento, sus problemas y el viaje en el que se encuentre. Es el 'paquete completo'!

Sepa que usted y todos los habitantes del planeta tiene una chispa de luz divina dentro de ellos y todo el mundo tiene un único propósito de vida para compartir sus talentos, su esencia en el mundo.

Perfecto no existe, perfecto significa que exactamente donde usted está en su vida es perfecto para usted como usted se conecta a su potencial para convertirse en el mejor que puede ser. Los retos y las alegrías son parte del viaje.

Como un ejemplo, hoy en día, todas las empresas necesitan moverse rápidamente e innovar para mantenerse relevante en un mundo que cambia constantemente. Entienden que parte de avanzar es entender que la perfección está en proceso y evolución. Cómo muchos productos tecnológicos, automóviles o aviones tienen el mismo aspecto que hace 10, 20 o incluso 30 años atrás?

Hay más gente en este planeta que ignoran su grandeza a que existen esos que alardean acerca de que grandes son. La mayoría de la población mundial padecen una FALTA de Amor Propio y convencimiento. Sepa que hace una diferencia, y el mundo lo necesita a usted para cobrar la vida con amor.

Saber y repetir

- Estoy seguro y tener una base sólida que me apoya a sobresalir en la vida.

- Estoy seguro y audaz en mis acciones, el alma y el espíritu, como mi vida amorosa y estable.

- Estoy abierto a recibir todas las bendiciones que el universo tiene para mí.

Almas Gemelas y Amor

El amor incondicional, el amor romántico, el amor es el amor y es la fibra que sostiene nuestro mundo juntos. Ser un conducto de amor e irradiar el amor.

Jo Brothers

En primer lugar, me gustaría que las personas que desean reunirse con su alma gemela pueden merecer esta bendición tan pronto como sea posible.

Bueno, sí, es verdad. Lo más probable es que cumplan su Alma Gemela una vez que viven su propia diversión, vida plena y lo más probable es, literalmente encontrarlos apareciendo en tu vida junto a usted. Su Alma Gemela, es probable que tengan intereses similares y pasiones y se reunirá con su alma gemela entre personas afines. Por lo tanto, vivir sus pasiones, aficiones, viajes, cursos, voluntariado, socializar y disfrutar de la vida!

Si usted ha tenido una idea para asistir a una clase cualquiera de kung fu o cocinar, luego tome esto como un susurro silencioso del Universo, que en realidad debería hacerlo. No uno, sino dos de mis amigas reservado un vuelo a una ciudad que nunca había visto antes. Tenían una sensación de que esto era algo que necesitaba hacer y como resulta tanto de ellos cumplieron con su alma gemela en ese viaje de tomar ese salto de fe y llegar a una nueva ciudad.

Alma Gemelas no sólo puede ser romántico, también podrían ser un amigo cercano, el mentor, el miembro de la familia, vecino o jefe y como estás leyendo esto la gente puede venir a la mente y sabrán que están en su corazón, ya sea que vivan en la misma ciudad o en todo el mundo.

Si Alma Gemelas romántico o no, son personas que están pensados para conectarse a y de alguna manera, hacer del mundo un mejor lugar o hacer un proyecto/negocio juntos.

Alma Gemelas románticos empujan cada uno de los demás hacia su grandeza. Así una relación que crece y se desarrolla cada día tendrá todavía tiempos donde usted puede no estar de acuerdo. Pero en el núcleo de la relación que tienen los mismos objetivos, moral y un amor que permite tanto a expresar su verdad, ser capaz de hablar abiertamente y ser vulnerables el uno con el otro.

Huele Divino

Los ángeles son atraídos a zonas que huelen hermosa, fresca y vibrante. Invítalos a tu casa con velas, aceites, flores y perfumes.

Jo Brothers

Echemos un vistazo a la gama de aceites de aromaterapia que se pueden utilizar para estimular la energía en su hogar y que también creará reacciones energético positivo dentro de su cuerpo. Usted puede obtener un quemador de aceite que se enchufa a la toma eléctrica de la pared y tiene una caja fuerte bajo el calor que activa los aromas de los aceites o usted puede conseguir un quemador de aceite powered by encender velas de té. Los aceites pueden adquirirse como aromas mezclados o un olor propio, como la rosa fragancia.

- **El jengibre** es un potente aroma picante caliente positivo optimista gran para la salud general y el bienestar.
- **Jasmine** es tranquilizante, estimula la confianza, el optimismo y los sentimientos de renovación y reduce la sensación de miedo.
- **La Lavanda** tiene propiedades calmantes, cura el estrés emocional y ayuda con los dolores de cabeza, nervios y dormir.
- **Limón** es tranquilizante, ayuda a obtener claridad cuando se siente ansioso, nervioso y agotado, es una energía auxiliar.
- **Mandarín** muchos afirman tiene la más refrescante, relajante y estimulante olor con energía positiva y es también muy bueno para ayudar a dormir tranquilo.
- **Naranja** es un potente aroma cálido y brillante que te recuerda el sol y optimismo.

- **Pachulí** es excelente para subrayó la mente ocupada con un aroma terroso que ayuda a aliviar los sentimientos de ansiedad.

- **La Menta** se utiliza para borrar los senos paranasales, estimula el pensamiento claro, concentración y es todo un reforzador de energía/invigorator.

- **El Sándalo** es un aroma maravilloso para ayudar con la meditación, relaja el cuerpo y aumenta la capacidad de concentración.

- **Ylang Ylang** es un humor ascensor, calmante y relajante, un pesado embriagador aroma floral con una reputación en la historia de ser un afrodisíaco.

Velas

Encender velas dibuja la luz en su hogar o dondequiera que sea.

Jo Brothers

Velas (cera y aceite) han existido desde por lo menos 3000 A.C. La palabra vela se deriva de la palabra latina "candera'. Se dice que la llama de una vela representa el alma, el espíritu y la fuente de la creación.

Las velas ya no son nuestra principal fuente de luz sin embargo todavía juegan un papel central en nuestras vidas, en tiempos de celebración, Vacaciones, cumpleaños, bodas, oración y conexión, lanza un cálido resplandor en hogares, tiendas y eventos.

Como se mencionó anteriormente las velas son grandes para tener en su hogar para inyectar energía y luz en el ambiente. Igualmente Perfumada Difusores son maravillosos. Mi casa está llena de velas perfumadas y difusores creando un maravilloso perfume que emana de toda la casa. Me encanta el aroma de vainilla, pera, Francés y rosa peonía y de hecho la mayoría de las flores, así como de mezclas de profunda madera y canela.

- **La Comunicación** se ve reforzada por el aroma de vainilla.

- **La Creatividad** se ve reforzada por el aroma del jazmín, Lotus, azafrán y sándalo.

- **La Armonía, el Amor y el Perdón** son realzadas por el aroma de manzana, pino, Rosa, palisandro y Ylang Ylang.

- **La Intuición** es reforzada por el aroma de canela, geranio, lavanda y romero.

- **Éxito y Dinero** son realzadas por el aroma de almendra, canela, jengibre y madreselvas.

- **La Protección y el Bienestar** son realzadas por el aroma de la angélica, coco, incienso, Gardenia, lila y sándalo.

- **Revitalizar la Energía** es reforzada por el aroma de vainilla.

¿Sabía usted que la llama de una vela no tiene sombra - todo es luz.

Cristales

Los cristales son objetos de curación, joyas y milagros de la madre Tierra que conducen y activar la energía.
Jo Brothers

Los cristales se han utilizado durante miles de años como joyas, objetos de curación y han servido como conductores de nosotros para activar la energía dentro de nosotros o para borrar las energías desde dentro. Viniendo desde las profundidades de la Madre Tierra tienen pura energía contenida en ellas.

Cristales en varios niveles de trabajo para usted, ya sea mental o emocionalmente y/o físicamente. Así que usted puede tener cristales alrededor de usted en su casa, en su dormitorio, puede usarlas como anillos, pulseras o collares. También puede llevar Cristales para la confianza.

Cómo pueden ayudarle los cristales?

Veamos los atributos que tienen cristales y emparéjelos con lo que están intentando conectar con y dibujar en su vida o para sanar. Recuerde que algunos cristales tienen múltiples propiedades curativas y cada Arcángel también está asociada con un cristal.

- **Cuerpo (sangre, el corazón, los ojos, los pulmones)** son ayudados por Bloodstone cristales.
- **Comunicar** es ayudado por cristales celestinos.
- **Conectando a Los Ángeles** es ayudado por Cristales Angelite, Celestite y Moonstone.
- **Cuerpo Femenino Ciclos en Armonía,** son ayudados por Moonstone cristales.

- **La Curación** es ayudado por amatista, cuarzo, cristales de amatista, curazo claro, Modavite y Opal.

- **Propósito de Vida** es ayudado por cristales de Cuarzo transparente.

- **Amor y Alma Gemelas** son ayudados por Turmalina rosa y cristales de Cuarzo Rosa.

- **El Dinero, la Prosperidad y la Confianza** son ayudados por el citrino cristales.

- **El Embarazo** es ayudado por cristales de Cuarzo Rosa.

- **La Reducción del Estrés** es ayudado por topacio azul turquesa y cristales.

Sueños

Los sueños pueden ser un puente a los eventos por venir en nuestras vidas. Las acciones más positivas que hacemos cada día más clara y veraz los mensajes en nuestros sueños.
Jo Brothers

Los sueños son absolutamente una conexión con su conciencia y puede recibir mensajes en sus sueños. Si desea pedir un mensaje puede probar esta herramienta y no necesita ser psíquico para hacer esto. Usted está mirando para tener acceso a su mayor auto-conciencia en el mundo de la conciencia.

- Conseguir un pequeño pedazo de papel y anote el nombre de la persona/Angel usted quisiera hacer una pregunta y ponerlo debajo de la almohada. Por ejemplo, "**Arcángel Miguel ¿qué voy a hacer con mi situación laboral?**" o "**Arcángel Miguel ¿Qué me puede decir acerca de mi propósito de vida?**"

A fin de tener sueños, usted necesita un sueño reparador. Sé que suena como su madre ahora, sin embargo, esto significará:

- Haber actuado de manera positiva durante todo el día.
- Tener una ordenada y desordenada de dormitorio.
- Habiendo oxígeno/aire fresco que entra en el dormitorio.
- El tener la habitación lo suficientemente oscuro como para que pueda quedarse dormido.
- Quitar todos los dispositivos, Tabletas y teléfonos desde el dormitorio.
- Jugar algunos música calmante y pacífica.

- Tener flores y/o una planta en la habitación.

Ahora estás listo para acostarse, ir a dormir y ojalá que despertará con una respuesta. Recuerde que los sueños son a menudo crípticas, a fin de anotar sus sueños y esperar a que el mensaje llegue a ser claro para usted. Si no obtiene una respuesta intente y repita el proceso hasta que consiga un mensaje o mover e intente otra herramienta que puede funcionar mejor para usted, como la meditación.

Puede que desee empezar a llevar un diario de todos tus sueños. Un 'sueño' de fábrica con muchos sueños que le da inspiración y guía en tu vida diaria.

Conectando con los Arcángeles

Abre tu corazón, pregunte a un ángel para ayudar y recuerde observe los mensajes que le envíen a través de la voz de un extraño, un artículo en línea o una canción. Para ser verdaderamente abiertos a escuchar las respuestas.
Jo Brothers

1. Establesca un espacio de meditación especial segura en casa, donde se puede meditar y usted siempre debe usar este espacio seguro Cuando medito en casa. Esto es para que la energía y la atmósfera se desarrollan y tu mente se sentirán relajados en este espacio y podrás fácilmente meditar siempre que lo desee. Usted puede encender una vela o incienso para crear un ambiente cálido de energía y también hay algo de buena música para meditar, así que échale un vistazo a nuestro YouTube canal.

2. El tiempo es crucial y se necesita un tiempo en su día, cuando tu mente no está demasiado ocupado. Así que cuando usted despierta o ir a dormir son momentos excelentes. Le recomiendo que ponga de lado por 15-30 minutos para esta meditación.

3. Coherencia, hacer la meditación a la misma hora cada día le ayudará a crear un patrón y puede conectar fácilmente el estado meditativo más rápido con la familiaridad del tiempo y la ubicación.

4. Generalmente, se recomienda sentarse en una silla o sofá con los pies en el suelo y los brazos en un estado de reposo y con los ojos cerrados. También puede sentarse en el suelo con las piernas cruzadas; también he encontrado tan fácil acostarse. Es una elección personal y le sugiero que experimentar y ver qué funciona mejor para usted.

5. Empieze haciendo algunos respiración para abrir el pecho y los pulmones. Respire y manténgalo pulsado durante 3 segundos y exhale, repita 3 veces.

6. Sientese quieto un momento y vaciar su mente de cualquier pensamiento que no desea así que usted puede estar listo para una experiencia meditativa de compensación o de conversación con usted. Espere unos minutos para que esto suceda.

7. Trate de mantenerse despierto y imagínese cubierto en un orbe de luz protectora blanca que le ayudará a conectarse a Los Ángeles. También puede mantener un claro cristal de cuarzo en tu mano izquierda para amplificar los mensajes desde el Reino Angélico.

8. Por ejemplo, defina su intención que le gustaría hablar con:

    - **Arcángel Miguel** para protección y fortaleza o

    - **Arcángel Rafael,** para curar o para una respuesta a una pregunta concreta

9. Ahora imagínese subiendo 8 escaleras y en la parte superior que son recibidos por uno de los Arcángeles le ha preguntado a conectarse.

10. Ahora usted puede solicitar el Arcángel la cuestión tiene para ellos o para solicitar orientación y esperar pacientemente una respuesta.

Puede tardar un par de veces para sentir que está conectado, que está bien como están aprendiendo a utilizar un nuevo músculo. También puede escribir el mensaje en un diario, ya sea el mismo que para mantener tus sueños o uno nuevo para ángeles.

Llamando a un Angel

Todos tenemos un ángel guardián nos puede llamar para recibir asistencia. Pídale que le ayuden con todo lo que hace.
Jo Brothers

Los ángeles están cuidando, amando ayudantes espirituales que pueden ayudarle a conectarse con los mundos celestiales. Se ha dicho que el universo es la escritura de ángeles. Usted tiene un Ángel de la guarda personal, y puede llamar a Los Ángeles para la asistencia e invitarlos a tu vida.

- **Ariel** guardián de los animales y la naturaleza, la curación, el amor y la energía creativa.
- **Chamuel** guardiana del amor incondicional, la sanación emocional, el amor romántico y Alma Gemelas.
- **Gabriel** guardián de comunicación, transformación, cambio y emoción.
- **Daniel** guardián de orientación espiritual, su propósito de vida del alma, la intuición, la fuerza, la fuerza de voluntad y coraje.
- **Jophiel** guardián de la alegría, la creatividad, la liberación y la educación.
- **Michael** guardián de la protección, la fuerza, la potenciación y la compasión.
- **Raquel** custodio de la justicia y la armonía.
- **Rafael,** guardián de la curación, la ciencia, el conocimiento y la unicidad.
- **Raziel** guardián permitiendo el acceso a los secretos del Universo y de tu alma.

- **Uriel** guardiana del amor incondicional, la superación de retos difíciles y lograr el equilibrio.

- **Zadkiel** guardián de la compasión, el amor y el perdón.

Espiritualmente Yo en el Trabajo

Usted necesita sentirse feliz mientras usted está en el trabajo. Usted pasará la mayor parte de su tiempo de vigilia allí para asegurarse de que está trabajando para usted, su talento, sus objetivos y su estado mental, emocional y bienestar físico.
Jo Brothers

Muchos de ustedes trabajan con cientos o miles de colegas si trabajan en una oficina, tienda, restaurante, hotel, aeropuerto, escuela, universidad, hospital, fábrica, entorno mecánico o cualquier otro lugar de trabajo.

Algunos de ustedes están en oficinas con grandes asientos de plan abierto donde puede encontrarse en la mitad de arriba de cuarenta personas que todos tienen diferentes energías, diferentes maneras de expresar su estrés, temor y frustración. Igualmente algunos de ustedes pueden tratar con clientes que también son como este y son desafiantes para comunicarse con y podría ser enérgicamente fuera de balance.

Por otro lado siempre hay gente buena en todas partes que traen energía y ligeros son equilibrados, alegres, divertidos y son buenos amigos que puede reír y a trabajar en armonía juntos. Algunos trabajos requieren que usted use el uniforme o para vestir formalmente y puede que sienta que tiene que ser una persona 'diferente' en el trabajo que cuando estás en casa. Por supuesto que usted necesita para ser profesional y hacer su trabajo con lo mejor de su habilidad. Sin embargo, usted necesita para mantenerse fiel a sí mismo, siendo su auténtico ser, que es la esencia de lo que le ayudará a disfrutar de la vida y 'El trabajo' de 8 horas al día.

Veamos pues algunas técnicas de supervivencia para ayudarle. Cuando se trabaja con personas que no gestionan su energía personal bueno, el estrés, el miedo y la pesada energía afecta a todo el mundo que les rodea. Si usted está leyendo este libro, usted será sensible a la energía y entornos.

Técnicas para ayudar a los estresados y temerosos de la gente que le rodea

- Sonriente y amable a estas personas puede recorrer un largo camino para ayudar a calmar abajo.

- Llamada en Los Ángeles (por ej. El Arcángel Miguel) y pídale a trabajar con esta persona para apaciguar la situación.

Técnicas para mantenerme optimista y feliz en el trabajo

- Puede establecer esta intención y mantra, "***Estoy segura, y soy capaz de cualquier cosa y todo lo que puedo imaginar***".

- Usted puede pedir el Arcángel Miguel vestir a usted en una luz azul de protección.

- Si es posible, pruebe a escuchar tu música favorita. La música puede realinear y calma usted o ayudarle a cancelar el ruido/la energía alrededor de usted.

- Desarrollar amistades con algunos de sus colegas, como la risa y la felicidad es realmente la mejor manera de crear una buena energía y esto atraerá a Los Ángeles a la zona.

- Si es posible ir de paseo durante un descanso o a la hora del almuerzo para alejarse y salir de la energía. Volverá energizado y listo para empezar de nuevo.

- Si es posible crear un refugio para sí mismo en su escritorio, estación o en un armario. Desarrollar un espacio que aporta su personalidad al medio, que si es una pelota anti-estrés, un espumoso rosado grapadora, perfume o fotos de vosotros, a vuestros seres queridos, familia, hijos y amigos, para anclar a sí mismo a su yo espiritual y la fuerte alma única que eres.

Algunos de nosotros son más sensibles a las energías que nos rodean, así que si cree que ha tocado en la energía que no es el suyo, luego de nadar en el mar o la piscina puede limpiar esos sentimientos. La siguiente mejor opción sería una bañera o ducha. Defina su intención para limpiarse de todas las energías que no son el suyo propio. Por ejemplo, *"**Como puedo entrar en el agua me liberar toda la energía negativa de mi cuerpo"**.*

Inyección de Luz

Positividad es el antídoto para cualquier pensamiento negativo. Su conciencia puede morar en energía positiva.
Jo Brothers

Aquí hay una gran colección de mantras, pensamientos y declaraciones que pueden ayudarlo a alcanzar la paz interna cuando se siente temeroso, agraviados o conflictivo. Una vez que el mayordomo espiritual consciencia ha situado un problema ahora puede comprobar la siguiente lista para ver si alguno de estos antídotos pueden ayudarle.

Verificar la presencia de cualquier periódico está teniendo pensamientos negativos y respirar la energía positiva como usted lee el "antídoto". He utilizado estos para ayudarme cuando he necesitado reiniciar mi conciencia y para ser honesto, a veces yo no tenía ganas de leerlos, sin embargo siempre me volví a ellos como yo apreciamos y ellos no trabajan. Ayude a obtener sus vibraciones positivas en el control del volante de tu mente. Consejo de mí, más le agradecemos todas las bendiciones que tiene en su vida, más rápido podrás recibir más bendiciones.

Recuerde

Es amado y es necesitado, así que sea usted y comparta su regalo único en el mundo.

Pensamiento negativo #1
Para cada trabajo, relación o nuevo comienzo que no funcionó.
Antídoto #1
He aprendido algo de esta experiencia y lo mejor aún está por venir.

Pensamiento negativo #2
Se siente cansado, letárgico, perezoso o unenthused para comenzar un proyecto.
Antídoto #2
Mi futuro depende de lo que hago ahora.

Pensamiento negativo #3
Sintiéndose asustado.
Antídoto #3
Tengo la certeza absoluta de que estoy protegido y seguro, así que puedo avanzar con confianza.

Pensamiento negativo #4
No es el momento adecuado para empezar mi proyecto o mañana empezaré.
Antídoto #4
No espere, el tiempo nunca será justo, de modo que debo empezar ahora.

Pensamiento negativo #5
¿Cómo voy a lograr mis metas?
Antídoto #5
Yo tengo el poder para manifestar todos mis sueños de amor.

Pensamiento negativo #6
No sé si mis sueños y metas son vale la pena traer a la vida?
Antídoto #6
Mis ideas únicas y la energía son lo que el mundo necesita, por lo que manifiesto yo ahora.

Pensamiento negativo #7
Mi vida no es lo que yo quiero ser.
Antídoto #7
Estoy en el camino a las cosas buenas, así que sigo yendo hasta me gusta lo que veo.

Pensamiento negativo #8
Me siento atrapado en mi vida.
Antídoto #8
Todos los bloqueos son ilusión, así que voy a avanzar y crear la vida que quiero.

Pensamiento negativo #9
¿Por qué ha sucedido esto a mí - en serio?
Antídoto #9
Todo pasa por mí para crecer.

Pensamiento negativo #10
Soy demasiado viejo, demasiado alto, demasiado flaca, demasiado gordo, demasiado bonito, demasiado feo...
Antídoto #10
El universo responde a la energía, por lo que emiten energía positiva.

Pensamiento negativo #11
Me siento culpable de hacer algo para mí cuando sé que tengo mucho que hacer en casa.
Antídoto #11
Asumir la responsabilidad significa mirar después de 'Me', así como todos los demás.

Pensamiento negativo #12
Estoy estresado!!!
Antídoto #12
Respirar! Meditar! Ir a dar un paseo. Alimente su alma escuchando música relajante.

Pensamiento negativo #13
Esta persona realmente me molesta - Grrr!!!
Antídoto #13
Todo el mundo me encuentro con una lección para mí, así veo lo que necesito aprender. Respirar!

Pensamiento negativo #14
Me siento solo.
Antídoto #14
Nunca estoy solo! Ángeles vele sobre vosotros, por lo que exhortamos a ayudarle. Para la protección o el arcángel Miguel Arcángel Rafael para la curación.

Pensamiento negativo #15
No me gusta mi vida.
Antídoto #15
Cada día es una oportunidad para comenzar de nuevo y reescribir mi historia.

Pensamiento negativo #16
Las personas que me rodean son tan vaciado!!!
Antídoto #16
Limite su tiempo alrededor de estas personas y el check-in con usted mismo. ¿Con qué frecuencia puedo transmitir? Es Amor, Alegría o qué?

Usted puede hacer sus propios antídotos y escribirlos en la sección de notas al final de este libro.

Las Palabras Tienen Poder

Soy audaz, puedo hacer, hago, y prendo fuego, estoy presente en el ahora y yo apoyo a otros en su éxito.
Jo Brothers

Tome tiempo cada semana para honrar a su propia Alma/Espíritu y reconoce los grandes dones que tenga dentro de usted que usted puede compartir con otros usuarios.

Usted puede ayudar al mundo y conectar por decir en voz alta lo que resuena con usted:

- Yo soy la conciencia
- Puedo crear
- Comparto
- Yo estoy presente y en la actualidad
- Confío
- Soy proactivo
- Yo soy coherente
- Tengo un perfecto estado de salud y bienestar
- Soy creador
- Soy una diosa
- Tengo armonía
- Estoy perfecta como evoluciono
- Soy sensible
- Comparto mis bendiciones

- Puedo dar y recibir amor
- Tengo energía amorosa
- Estoy seguro
- Estoy emocionado
- Soy valiente
- Estoy perdonando
- Me inspiran a otros
- Estoy feliz y compartir la felicidad
- Yo respeto a todos
- Eran todos uno
- Yo soy Luz
- Eran toda la luz
- Tengo fe
- Energía femenina
- Energía masculina
- Puedo hacer, hacer y encender
- Soy respetuoso
- Visualizo para crear
- Soy fuerte
- Estoy en paz conmigo.
- Tengo la certeza absoluta
- Soy apasionada

- Yo soy Bold
- Soy consciente
- Estoy magnífico
- Estoy Collaborative
- Yo apoyo a otros para su éxito

Usted puede hacer sus propias palabras de poder y escribirlos en la sección de notas al final de este libro.

Mercurio en Retrógrado

Mercurio en retrógrado puede ser visto como un momento cuando las cosas van 'Al revés', pero es un buen momento para reflexionar y "dejar ir" de todo lo que ya no sirve.

Jo Brothers

Mercurio en retrógrado es una fase que ocurre tres veces al año durante tres semanas y media, cuando el planeta Mercurio (que gobierna la comunicación) entra en un estado descansando o durmiendo. Mercurio en retrógrado ocurrirá en cuatro ocasiones en 2016.

Mercurio en retrógrado comienza:

- Enero 5th, 2016
- Abril 28th, 2016
- Agosto 30th, 2016
- Diciembre 19th, 2016

Mercurio en retrógrado finaliza:

- Enero 25th, 2016
- Mayo 22nd, 2016
- Septiembre 22nd, 2016
- Enero 8th, 2016

¿En qué áreas de su vida están afectados por mercurio en retrógrado?

Correo, Noticias, Comunicaciones, acuerdos, documentos

Viajes, ordenadores, coches y problemas mecánicos.

Así que cuando Mercurio está retrógrado en estar alerta:

- Retrasos
- Falta de comunicación
- No realice ningún tipo de decisiones importantes (si es posible).
- No firme ningún documento (si es posible).
- No ejecutar o iniciar nada nuevo durante este tiempo
- Preste atención a los detalles
- Sentimientos de confusión y de estar en el limbo
- A menudo hay problemas con los autos, las computadoras no funciona, problemas y retrasos de viaje

Mensaje en un Libro

Hay mensajes a todo nuestro alrededor. Todo lo que tenemos que hacer es abrir un libro.
Jo Brothers

Me encanta esta herramienta y han estado usando desde una edad temprana para la diversión y como me crecía en sabiduría y orientación. Es una vieja práctica que se remonta a cientos de años.

Cómo obtener un mensaje en un libro

- Usted tiene una pregunta que se hace en su mente o en voz alta.
- También puede invitar al Arcángel Miguel para ayudarle a encontrar el libro/ebook para recibir su mensaje.
- Encontrar un libro o libro electronico.
- Abrir el libro en cualquier página al azar y leer lo que hay dentro.
- Habrá un mensaje para usted allí y por lo general tiene sentido si no es por la pregunta que se formula, tendrá sentido para otra cosa que tiene en su mente.

Tomar Acción

Pequeñas acciones construye cada día en gran éxito a lo largo del tiempo. Personalmente aprecio por todo el bien que hacemos todos los días.

Jo Brothers

Cada día gracias al universo, creador o Dios por todas las bendiciones que ya tienes en tu vida. A continuación, pedir más ayuda, más luz y más bendiciones. Hacer su propia apreciación y gratitud lista y decir, pensar o leerlos tan a menudo como le sea posible cada día. Pasar algún tiempo diciendo, leer y pensar positivo la creación de palabras como estas cada día.

3 Pasos en Acción

1. Conectese - Usted es el Secreto - Recuerde para conectarse a la luz en todo momento. Usted puede pedir el universo, creador o ayuda de Dios cada día; de hecho, es más conveniente pedir ayuda cada día, en lugar de sólo llamar cuando el caos en huelgas. Pedir que se llena de luz y bendiciones infinitas, intentarlo, Qué tienes que perder?

2. Canal - Tomar Acción - Canal es conectese a su conciencia superior y recibir un mensaje. Encuentre un espacio tranquilo, consigue un lápiz y papel, siéntese y siéntase relajarse. Seleccione la pregunta que desee para el canal, sentarse un momento, y comenzar a repetir la misma pregunta en tu mente y escribir lo que venga a su mente.

3. Cree - Tome Acción - cree buenos ángeles. Cree Ángeles positivo por compartir, especialmente cuando es difícil. Por ejemplo, cuando está corto de tiempo y había planeado hacer algo para sí mismo, sino un amigo o miembro de la familia necesita ayuda, entonces usted puede ayudarlos. Se puede compartir información, tiempo de una comida, ayudando a alguien moverse de casa, cuidar, ser empático con los demás y ofrecer al voluntariado. También puede donar para apoyar una causa a su familia o amigo que se está recaudando fondos para pagar o adelante y donar a un extraño.

Poder de Diosa

El divino femenino está dentro de todos nosotros, tanto si son de sexo femenino o masculino, como es la energía de la manifestación, la creación de la vida, inicios y renovación.
Jo Brothers

Retorno de la Diosa Mantra

Llamando a la energía de la Madre de la humanidad para restaurar la humanidad de vibración de la mente femenina.

Todo lo que se ahora vendrá delante de las puertas del Sur, Este, Oeste y Norte.

Todas las energías femeninas volver al plano terrestre para brillar, el amor, la luz y la pasión y la vibración de la mente femenina.

Cualquier mujer que se suprimen o intimidadas sentir su fuerza el retorno.

Ayudar a dar forma a un kinder, amorosa, pacífica - esta humanidad que todos debemos aprender.

Todos los bloqueos se disuelven en la nada, el triunfo es nuestro.

Estamos aquí para ayudar a la humanidad, como Dios lo ha permitido.

Retorno de la Diosa, ahora es el momento!

Total mundial de la integración femenina a todos, a todos los que permiten!

La fe nos ha mantenido todo, vete en paz hoy.

La luz ha ganado! Y siempre, pase lo que pase!

Madre, Madre, Madre

Jo Brothers 2006

Escribí esta mantra, potencia de oración, llamado Retorno de la Diosa en 2006. Fue publicado en un sitio web mia y en algunos otros lugares, sin embargo ha permanecido prácticamente oculto hasta ahora. Me siento ahora es el momento perfecto para compartirlo en este libro para leer y conectarse a la energía femenina. A menudo una gran cantidad de lo que lees acerca del Creador, Dios, y Buda es energía masculina.

Sin embargo, hay una energía femenina que camina junto a y es parte de la dualidad de la vida, es la energía femenina que crea, manifiestos, da a luz, alimenta, nutre y transforma. Como mujeres y hombres debemos sentir abierto a incluir y aceptar un aspecto femenino de la espiritualidad y de la energía, como el mundo está en la necesidad de un equilibrio de la energía femenina en este momento en la tierra.

Código

Vayas donde vayas y hagas lo que hagas, eres tú!
Jo Brothers

Su código es el estilo natural que operan, tanto en sus entornos sociales y de trabajo. Decidir cuáles de estos códigos es usted y recuerde que son igualmente importantes, siendo una de ellas más dominan en cualquier momento dado.

¿Cuál es el código que vive por y eres un pensador, Líder, hacedor, Defensora u organizador?

Pensador es una persona que es un pensador rápido, interpreta las ideas rápidamente y se pueden aplicar a diferentes conceptos. Piensa en grandes ideas, pero necesita apoyo para hacer que las cosas sucedan.

Líder es una persona que es capaz de desarrollar fácilmente relaciones y conectar con la gente. Es capaz de dinamizar y tener gente apasionadamente tras ellos en cualquier empresa u organización y es leal y tiene un equipo leal.

Hacedor es una persona que es propicio, le encanta ser parte de algo, una empresa, un proyecto o un evento de caridad y agrega valor. Son felices de planes de seguimiento y realizar las tareas establecidas para mover un proyecto o evento de avance.

Activista es una persona que es un jugador de equipo, le encanta ser parte de algo y agrega valor mediante la promoción y creación de redes para tomar las noticias de lo que está ocurriendo en la comunidad y en el mundo.

Organizador es una persona que está organizado, ama el detalle, planos, gráficos, el cronometraje y la teneduría de libros. Es capaz de desarrollar estrategias y comunicar claramente a los demás.

Muy bien, ahora que ya conoce su código, puede empezar a conectar con ella y utilizarla tanto en sus entornos sociales y de trabajo.

Super Poder

Todos estamos más allá de nuestros sueños y todos tenemos poderes. Para conectarse al suyo y utilizarla para ayudar a sí mismo y a los demás cada día.

Jo Brothers

Usted tendrá superpoderes, con uno que es el más dominante, al tratar con usted, a sus seres queridos, amigos, colegas y el mundo.

Cual de estos super poderes ¿sientes que tienes?

Generosidad, usted es generoso con su tiempo y siempre están ahí para las personas. La energía de generosidad fluye en su estado natural es ayudar a los demás, apoyarlos con el tiempo o el dinero. Si se apoyan por escuchar a un ser querido, amigo o compañero de trabajo en un momento en que la necesitan.

Paciencia, que son capaces de ver el panorama de su vida y avanzar paso a paso sabiendo que alcanzará y lograr todos tus sueños y metas. En su vida diaria, esto le ayudará a apreciar las pequeñas cosas y que irradian una paz interior que influyen en todo lo que te rodea. Las personas te buscan para asesoramiento.

Humildad/humilde, lo más probable es exitosa, popular y muy humilde con ella. Hacer tiempo para todo el mundo y no esperar ningún tratamiento especial. De hecho, usted podría realmente ser tímida y prefiere pasar su tiempo personal con familiares cercanos, amigos y seres queridos.

Amabilidad, que son amables, y emanar un maravilloso feliz alegre energía. Las personas buscan fuera de asistencia y ayuda. Porque al igual que atrae como, se suele tener amigos afines que se comportan de manera similar a usted. Su presencia anima a los demás a comportarse de la misma manera y bondad irradia hacia el mundo de usted y de su círculo de amigos y familiares.

Equilibrio, tiene una vida muy ocupada, en casa, en el trabajo, los pasatiempos y los niños y de alguna manera se puede colocar más en que la mayoría de las personas. Eres magistral a administrar su tiempo y priorizar qué hacer cuándo y cuánto tiempo dedicar a actividades en el hogar y en el trabajo. Gente que ve usted no sabe cómo administrarlo como usted siempre parecen tranquilos y sin preocupaciones.

Dedicación, usted toma proyyectos grandes o a largo plazo y verlos a través del éxito y la terminación. Si es un desafío en el trabajo, un proyecto de voluntariado o un objetivo deportivo que están centrados y decididos. Algunas personas no pueden entender enfocacion. Sin embargo, en la realización de su proyecto, verán la magnitud de su logro.

Creative, que son naturalmente solucionadores de problemas, no le gustan las reglas y crear nuevas maneras de hacer las cosas. Muchos son innovadores creativos, diseñadores y visionarios. Lo más probable es que algunas de sus ideas son visionarios y que pueden asustar a algunas personas no les gusta el cambio. Que no le molesta, como ustedes saben lo que están haciendo y la energía creativa fluye a través de ti en el trabajo y en el hogar.

Mi Intención Brújula Espiritual

Todos estamos hechos de muchas cosas y cuando nos tomamos el tiempo para revisar, vemos la imagen grande de nuestras capacidades y potencial.

Jo Brothers

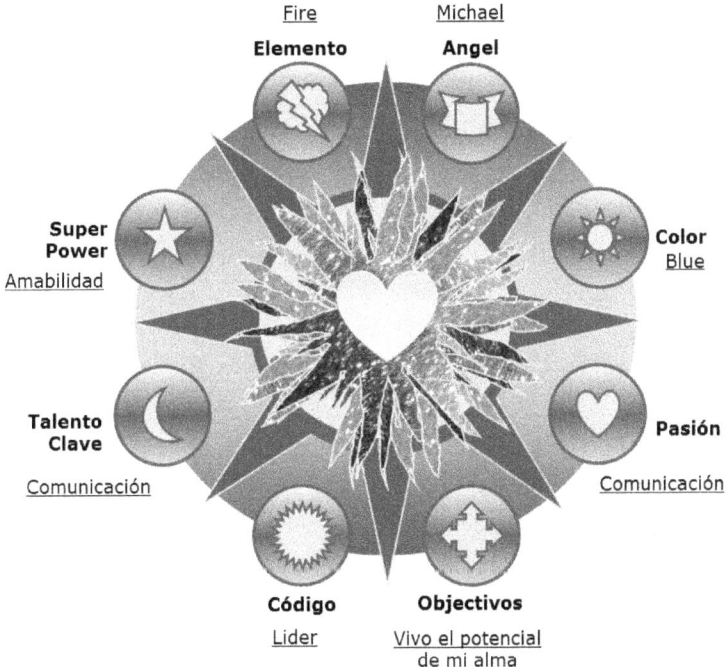

Ejemplo de una Brújula Intención Espiritualmente Yo

Aquí está un breve ejercicio para que pueda crear su propia intención Espiritualmente Yo brújula.

1. **Quién es su ángel personal?**

Con que Angel conecto?

2. ¿Cuál es tu color favorito?

Según el chakra de 7 colores.

3. ¿Cuál es su pasión?

4. ¿Cuáles son tus metas en la vida?

5. ¿Cuál es el código?

Eres un pensador, Líder, hacedor, Defensora u organizador?

6. ¿Cuál es su talento clave?

Por ejemplo, Comunicación

7. ¿Cuál es su Super poder?

Es usted un generoso, Paciente, humilde, bondadoso, Equilibrado o dedicado?

8. ¿Cuál es tu elemento?

¿Resuenan mejor cerca de la tierra, el agua, el aire o el fuego?

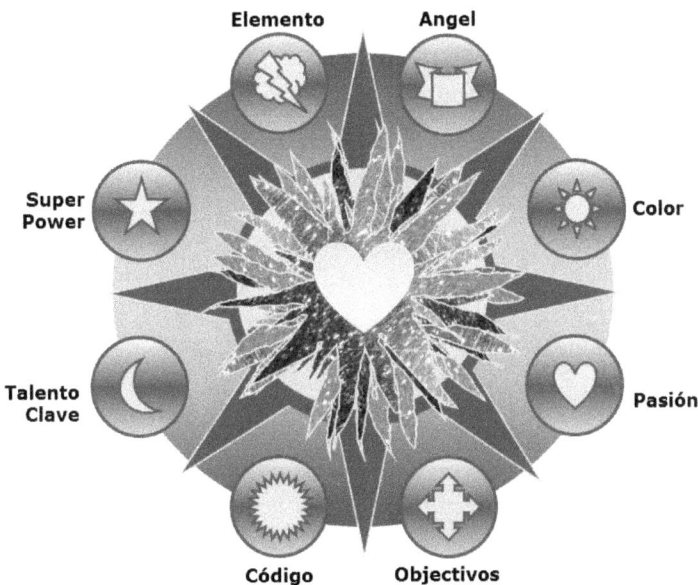

Su Intención Brújula de Espiritualmente Yo

Ame a Su Cuerpo

Usted realmente es perfectos exactamente como es. Ame a sí mismo y ame a su cuerpo.

Jo Brothers

Todos somos diferentes, que usted necesita para encontrar lo que es correcto para usted y podría ser todos o ninguno de los siguientes. Personalmente yo uso todos estos métodos de curación y encontrar que añadir a mi bienestar, felicidad, vitalidad y salud.

Masaje, sí absolutamente. Si puedes conseguir un masaje ¡anímate! Si es un socio, amigo, masajistas profesionales, masajistas, o terapeuta de masaje que le da un masaje relajante. Se liberará la energía atrapada en los músculos, eliminar el estrés y lo que le permitirá relajarse, sentirse recargada y energizante. Un masaje de reflexología es fantástico, ya que trabaja sobre los puntos de presión en los pies y a lo largo de la columna vertebral (Chakra), recuperar la energía y liberar bloqueos.

Quiropráctico, otra vez sí, por supuesto. He encontrado que teniendo cuidado quiropráctico regularmente me ha ayudado en la mente, el cuerpo y el alma. Los quiroprácticos suelen tratar los neuromusculoskeletal incluyendo dolor en la espalda, cuello, articulaciones, brazos, piernas, tobillos y rodillas.

La Acupuntura tiene su origen en la medicina tradicional china y es genial para aliviar una amplia gama de dolor y estrés en el cuerpo relacionados con problemas cuando se administra por un profesional capacitado.

El Ejercicio es importante para el bienestar del cuerpo, la mente y el alma. Mantenerse en movimiento, caminar, estirarse, ir al gimnasio, remar en kayak, ciclismo, hacer yoga o Pilates, lo que resuena con usted. Se dice que estamos más inclinados a hacer opciones de comida saludable si hemos ejercido.

Crecimiento Espiritual

Felicidad y armonía interior duradera viene de nutrir su mente, cuerpo y alma y espíritu.

Jo Brothers

Lo más importante es que usted tiene una conexión sólida para quién es, y sabiendo que son capaces de cualquier cosa usted visualizar o imaginar y que ustedes no tienen idea de la awesomeness de su potencial.

Sí, es bueno para fijar objetivos y cumplirlos. Sin embargo, la única persona con la que debe compararse, es usted y lo que eran el año pasado. Habéis cambiado? Has crecido?

Recuerde el crecimiento ocurre cuando usted está fuera de su zona de comodidad.

Compitiendo con un compañero de trabajo o amigo es contraproducente para su energía y es una pérdida de tiempo. La única persona que necesita para competir con usted, es convertirse en la mejor versión de ti mismo. Si usted echa un vistazo a mí esperando para completar este libro, he leído mi trabajo desde 2007, y sentí que estaba leyendo las notas de una hermana menor, no yo. Por lo tanto, gran puedo ver personalmente he crecido y aprendido mucho y soy más mi verdadero yo, más auténticos.

Permítanos definir competir - para practicar una y otra vez, intentando su más duro para mejorar cada vez. Los atletas profesionales siempre va a buscar a sus entrenadores después de terminar una carrera, correr, nadar o juego y hacer preguntas como, *"¿Dónde crees que me equivoqué?"* o *"Lo que yo podría haber hecho mejor?"*, como saben que esas son las áreas que necesitan para trabajar. Por lo tanto, es una buena idea revisar la semana pasada a la hora que le convenga en el fin de semana, para ver si lo desea, podría haber hecho algunas cosas de manera diferente.

Una Palabra Final

Gracias por leer este libro. Espero de verdad que le ayuda a conectar con su potencial y milagros que fluye en su vida.
Jo Brothers

Usted está en control total de su vida. Usted tiene el poder de cambiar cada aspecto de su vida en cualquier momento.

Usted no necesita vivir con lamenta que cada día tienes la oportunidad de aprovechar el día y crear su destino, su legado.

Lo que define que al final está siendo fiel a usted. Viviendo como el auténtico yo real y al hacerlo, puede inspirar a otros a hacer lo mismo.

Recuerde al amor grande, compartir a menudo, estar unida a su comunidad con amor en tu corazón, tratar a todos como nos gustaría ser tratados y vivir una vida alegre, propositivo, magnífico.

Hacer una diferencia en el mundo! Sé que usted puede!

Usted es maravilloso de la manera que es y tienen infinitas posibilidades.

 Jo

Xox

PS. Siéntase libre de mandarme un mensaje
www.spiritualme101.com o
www.facebook.com/spiritualme101
para decir hola o para compartir su viaje.

Notas

Que mensajes de inspiración, pasión y alegría llenan estas páginas.

Jo Brothers

www.ingramcontent.com/pod-product-compliance
Lightning Source LLC
Chambersburg PA
CBHW050843160426
43192CB00011B/2124